ESSAI

SUR

LES RENTES FONCIÈRES;

PAR LE CITOYEN THOMASSIN,

Directeur de l'Enregistrement du Bas-Rhin.

A STRASBOURG,

DE L'IMPRIMERIE DE LEVRAULT, FRÈRES.

AN IX.

ESSAI
SUR
LES RENTES FONCIÈRES.

Une *rente foncière* est une portion des fruits livrée par le tenancier en reconnaissance de la concession primitive du fonds. Elle peut aussi dériver d'un capital prêté au détenteur du fonds, qui a grevé sa terre de l'intérêt convenu; mais généralement la rente foncière découle de la première de ces deux origines.

La loi d'août 1792, qui a aboli les redevances résultantes de la féodalité, a reçu trop souvent une application injuste envers les propriétaires des rentes, sous le spécieux prétexte que la noblesse de ceux-ci s'étendait à tout ce qu'ils possédaient, leurs propriétés n'étant pas à eux.

Ce principe, universalisé sans presqu'aucune opposition, s'est étendu aux domaines publics: l'état y a perdu des ressources précieuses, qui, si elles avaient été sagement administrées, auraient dispensé de recourir à de nouvelles contributions ou d'augmenter les anciennes.

Une cessation de la prestation pendant dix années; des titres dispersés, peut-être incendiés ; la jurisprudence versatile des administrations et des tribunaux, cédant à l'influence des factions qui les élevaient ; ce concours de circonstances rend difficile le rappel des tenanciers qui ont cessé de desservir les rentes.

Supposer, comme on l'a fait, que, parce que des rentes étaient dues à des ci-devant seigneurs, elles étaient le fruit de la violence, ou que le titre qui les avait constituées était une injustice commise envers les redevables, est une erreur manifeste ; il ne sera pas impossible de le démontrer.

Ce n'est pas l'apologie du régime féodal que l'on se propose ; il n'est pas question de ressusciter des droits qui flétrissaient l'individu et entravaient l'industrie. On a applaudi avec raison à la suppression du régime absurde de la corvée ; on a applaudi avec le même sentiment à la suppression d'une multitude de droits bizarres, créés par l'anarchie féodale lorsque le pouvoir exécutif était subdivisé entre les mains des nobles, fléaux des campagnes : droits qui auraient dû cesser lorsque ces nobles, par leur soumission à un gouvernement unique et monarchique, étaient devenus sujets.

Mais, en proclamant la grande charte de la liberté, et en forçant ces nobles d'entrer dans la grande association nationale, sans autres droits que ceux du mérite et de la vertu, il fallait s'arrêter à propos, respecter leurs droits comme propriétaires : il n'était pas plus permis de supprimer en masse que de proscrire en masse; conserver à chacun le sien, est le grand mobile des associations des peuples. On devait donc examiner avec sévérité la nature des droits fonciers que l'on se proposait de supprimer, ne pas s'arrêter exclusivement aux anciennes qualités du propriétaire; mais discuter avec réflexion les devoirs du tenancier, remonter à leur origine, et s'assurer si, primitivement, ces devoirs ne dérivaient pas d'une obligation réciproque, librement consentie et également utile au concessionnaire et au concédant.

Si l'on veut se former des idées exactes sur l'origine des concessions foncières, il faut jeter les yeux sur ce qui se pratique dans l'hémisphère américain libre. L'on n'y crée pas le régime féodal; mais il est sûr que l'on y établit le régime foncier.

Les états accordent l'investiture ou la concession d'un vaste terrain en friche à celui qui en offre une valeur quelconque, ou en récompense de services rendus. Ce concessionnaire appelle alors des colons au défrichement; il leur partage les terres, il leur fait des avances, moyennant une redevance fixe et perpétuelle.

Il semble que le premier degré de la civilisation des peuples soit, à côté de la division des terres, l'affectation d'une partie du revenu en reconnaissance de la concession, soit au profit de l'association générale ou d'un concédant particulier.

Dans son immortel ouvrage sur les mœurs des Germains, Tacite nous apprend que tel était l'usage de cette nation. Ces peuples demi-policés, que les Romains appelaient Barbares, faisaient cultiver une partie de leurs domaines moyennant une modique portion de fruits.

Ces conventions, qui ont leur principe dans la loi naturelle, ne doivent pas être confondues avec des actes d'oppression.

Peut-on dire que les redevances qui dérivent de pareilles concessions ne soient pas légitimes? Comment ne seraient-elles pas légitimes, puisqu'elles sont la rétribution d'une concession acceptée et de secours donnés à ceux qui ont défriché?

Que l'on suppose qu'il se fasse une révolution en Amérique, ou contre le gouvernement actuel, ou contre les propriétaires; les tenanciers, à qui les terres ont été concédées, seraient-ils fondés, d'après les lois éternelles de l'immuable justice, de s'affranchir de la redevance, prix des concessions et des secours reçus pour le défrichement, sous le prétexte que les terres d'Amérique appartenaient à tous, ou qu'elles avaient été occupées sur ses premiers habitans ? Une pareille conclusion ne serait-elle pas le comble du délire anarchique ? ne serait-elle pas une injustice criante envers les concédans ? et de la part de ceux qui proclameraient ce principe pour s'appropier les terres, ne serait-elle pas aussi une usurpation plus monstrueuse que l'hypothèse à la faveur de laquelle ils prétendraient dépouiller ?

Il n'arrive que trop fréquemment dans les temps de troubles et d'anarchie, qu'on invoque les lois de la liberté, lors même que l'on repousse avec dureté les droits les plus incontestables ; jamais on ne parle plus de justice, comme si l'expression en tenait lieu. C'est ce que nous avons vu malheureusement dans les temps déplorables dont nous sortons à peine. Puisse tout ce que nous avons souffert éclairer les nations sur les dangers trop brusques des innovations, et sur les dangers plus grands de céder aux flots de la multitude ! Mais il est difficile d'arrêter l'impétuosité d'un débordement : dès que le peuple n'est plus guidé par l'action salutaire des lois, il n'a plus de frein ; il s'abandonne à tout sans mesure, sans réflexion ; il faut qu'il passe par tous les extrêmes, que tous les fléaux l'accablent ; jusqu'à ce qu'épuisé par toutes les calamités, il arrête lui-même l'impulsion aveugle qui l'avait entraîné, en se remettant sous le joug nécessaire des lois, et en justifiant l'adage de l'immortel Rousseau, qui dit que *l'homme libre est l'esclave de la loi.*

On commence à reconnaître (et on ose le dire sans danger, grâces en soient rendues au gouvernement régénérateur de la France !) que l'on a beaucoup détruit sans réflexion ; que les droits sacrés de la propriété ont été violés ; et que, par ces moyens démésurés, l'état a perdu des ressources précieuses, au grand détriment de la chose publique.

Nous allons examiner, en remontant à l'origine des grandes associations, èt d'après les secousses révolutionnaires qui ont changé plusieurs fois les rapports politiques de l'Europe, quel a pu être le régime primitif des accensemens.

Il y a toujours eu des guerres, malgré les maximes de la philantropie, les réflexions des philosophes, la modération du plus grand nombre, qui pensent que la terre, notre nourricière commune, ouvrant les flancs de sa fécondité au travail des hommes, elle pourvoit si abondamment à nos besoins qu'il semble inutile que les nations luttent les unes contre les autres pour se la disputer.

Il est vrai aussi que les hommes s'affectionnant les uns les autres, d'abord comme membres de la même famille, ou par la croyance d'une même origine, et ensuite par l'identité du langage, la force des habitudes, il en résulte une propension naturelle pour se maintenir dans cette association; et, toutes les fois qu'on veut les maîtriser, ils doivent naturellement se liguer contre ceux qui troublent leur sécurité.

C'est ce qui a constitué, d'une part, l'association primitive des nations, et leur adhésion au mode de surveillance générale, qui est le pouvoir exécutif confié aux gouvernans; et ce qui occasionne, d'une autre part, les guerres de nation à nation, dont quelquefois le principe peut s'excuser, mais qui s'altère le plus souvent par l'ambition des uns et les passions des autres.

Au reste, quels que soient les motifs de ces guerres, et leurs issues, presque toujours différentes du but qui les a fait entreprendre, le droit des gens des nations civilisées accorde incontestablement au conquérant la faculté de disposer des terres abandonnées ou confisquées; et si l'action qui a dépouillé est l'effet de la force, cette même action ne viole pas l'équité distributive, lorsqu'elle ne répartit ces terres à ceux qui les obtiennent, que moyennant une modique portion des fruits.

Ce fut sur le déclin de la dynastie carlovingienne, lorsque les successeurs du grand Charles ne tinrent plus qu'avec des mains débiles et superstitieuses les rênes de l'administration vigoureuse qui avait subjugué l'Europe et qui valut à ce héros les hommages de ses contemporains et l'estime de la postérité, que se fixa le régime féodal. Charlemagne avait sans doute récompensé ses généraux et ses guerriers par des bénéfices à vie, qui devinrent héréditaires sous ses faibles successeurs. La force de l'empire d'Occident se divisa en une infinité de parcelles; rois, ducs, comtes et marquis. Ces grands feudataires de l'empire éprouvèrent à leur tour un pareil déchirement. Au lieu d'un centre unique d'autorité qu'en grand administrateur Charles avait su fixer en reconnaissant les droits nationaux, tout ne fut plus qu'un chaos inextricable. L'Europe devint l'arène d'une multitude de petites guerres, de noble à noble, de canton à canton; aussi tomba-t-elle dans le dernier degré de l'ignorance et de la superstition : ce fut notre siècle de fer.

Au milieu de ces divisions perpétuelles, de ces discordes civiles, l'agriculture languissait; de vastes cantons en friche n'offraient partout que des solitudes qui portaient l'empreinte des ravages de la guerre. Les seigneurs, restés presque seuls habitans de leurs terres, eurent le bon esprit de sentir qu'ils ne pouvaient exister qu'en appelant des colons au défrichement; ils accensèrent leurs terres moyennant une portion du revenu. Il est vrai que les préjugés altérèrent la pureté de ces concessions; que l'on imprima à la glèbe le sceau de la servitude, en imposant en même temps le droit de corvée et celui d'impôts particuliers : mais, en revenant contre ces antiques exactions, en en affranchissant les campagnes, n'eût-il pas fallu respecter la concession obligatoire de la redevance?

Chaque pays, chaque contrée, chaque nation employa une dénomination particulière pour créer et instituer ces concessions de terres; elles ont pu être soumises à des lois, à des usages particuliers: mais le mouvement originaire a toujours été le même, soit qu'il ait été question de bail perpétuel, héréditaire, emphytéose, accensement, etc.; c'est-à-dire, que la répartition des terres s'est faite à des concessionnaires qui les ont acceptées, en promettant une portion de fruits, chaque année, en reconnaissance du don. Certes, les lois de l'humanité et celles de la justice n'ont pas été violées par ces conventions.

Nous trouvons dans les chartes des grands bénéfices ecclésiastiques, et dans quelques diplômes du moyen âge, qui ne passent pas pour apocryphes, que ces établissemens reçurent l'investiture de grandes terres qui ne présentaient que de vastes solitudes. La piété du temps en consacrait la plus grande partie à des fondations du culte; c'était le luxe du siècle *.

La dixme reconnue comme de droit divin, était encore une source de richesses, et pour le clergé, et pour ceux des nobles qui en avaient reçu l'inféodation; ceux à qui elle était due en vertu de ce droit commun sous lequel l'Europe fléchissait, avaient le plus grand intérêt au défrichement des terres, parce que, par le seul fait de la mise en culture, il fallait acquitter la dixme.

De ce principe du droit public résultait donc l'intérêt qu'avaient les décimateurs au défrichement des terres, et on peut croire que c'est ce qui a donné naissance dans les provinces germaniques, devenues françaises, à l'établisse-

* Les disciples du fameux S. Benoît furent en général les plus richement dotés. On doit dire que, dans le principe, ils ennoblirent, ils legitimèrent ces dons; on leur doit de vastes défrichemens et peut-être des colonies entières. Que ne se sont-ils bornés à ces titres si respectables dans la société? Mais ces cénobites ont cédé, comme les nations, au torrent des prejugés, des habitudes du luxe, des richesses et de la demoralisation générale. Il n'est peut-être pas exactement juste d'attribuer aux institutions sacerdotales de tous les pays les défauts qu'on leur reproche; elles sont, ainsi que les hommes, subjuguées par la force des choses.

ment des colonges, dont l'étimologie française et germaine désigne une réunion de colons. Rien ne ressemble peut-être plus aux établissemens d'Amérique que celui de ces colonges: c'étaient des cultivateurs réunis pour l'exploitation d'un même canton, avec une justice de police rurale, soit pour recouvrer la redevance annuelle, noter les mutations, ou pour s'assurer que les terres étaient cultivées, parce qu'elles se perdaient lorsqu'on les négligeait. La prestation foncière était infiniment modique; mais il faut faire attention, comme on l'a déjà observé, que le concédant du terrain en friche en obtenait aussi la dixme, qui était une portion considérable des fruits.

Lorsque la dixme a été supprimée, la colonge devait rester; mais le torrent désorganisateur n'a pas manqué d'étendre la suppression à la redevance foncière, prix de la concession. On a dit avec affectation, et très-abusivement : la colonge se payait au seigneur ou au clergé; donc elle était un abus. Ce principe destructif s'est étendu à beaucoup d'autres redevances non moins légitimes, et l'autorité administrative a trop souvent accueilli ce délire agrairien.

Il est une autre nature de rentes qui a été généralement considérée comme supprimée de droit, parce qu'elle tenait son origine d'une concession féodale ; ce sont les rentes dont les moulins étaient grevés, vulgairement appelées droit de *chute d'eau*.

Ces concessions se faisaient, par les ci-devant seigneurs, à des particuliers qui voulaient construire des usines ou moulins sur le cours d'une rivière, soit sur leur propre terrain, soit sur un terrain que le seigneur concédait ; en l'un et l'autre cas, ces droits étaient constitués en emphytéose perpétuel, moyennant une redevance en grains.

Toutes les fois que des concessionnaires ont pu justifier qu'ils avaient construit l'usine sur leur propre terrain, les corps administratifs ont envisagé l'affectation de la rente comme une exaction féodale ; ils ont supprimé la redevance, en conservant l'usine.

Il est facile de se convaincre qu'en supposant que le pouvoir d'établir des usines, qui fait une partie de l'autorité exécutive, se soit trouvé illégalement entre les mains des ci-devant seigneurs, la concession en emphytéose n'était ni gratuite ni injuste ; d'un côté, parce que la faculté de s'approprier le cours d'une rivière n'appartient à aucun individu ; de l'autre, parce qu'il n'est pas exact de supposer que le seigneur n'a rien donné. Cette opinion est une erreur palpable ; car, si le seigneur a donné ce qui ne lui appartenait pas, ce qu'il a donné n'en est pas moins une portion de propriété, le concessionnaire ayant reçu la faculté de construire le seuil de son moulin sur le lit d'une rivière, et de disposer du cours des eaux à son usage exclusif: c'était une vraie aliénation. En supprimant la redevance il fallait donc détruire l'usine, remettre les choses comme elles étaient avant la constitution de l'emphytéose. Si la cause constituante était usurpée, l'effet n'en était pas moins une chose juste et raisonnable, une obligation librement consentie, en un mot, le prix d'une aliénation foncière; il impliquait donc contradiction de conserver l'aliénation en déchargeant du paiement du prix. Dans le département du Bas-Rhin ces générosités administratives ont fait perdre à l'état un revenu annuel d'environ 60 à 80 mille francs.

Les rentes foncières, dont beaucoup d'héritages se sont trouvés grevés à l'époque de la révolution, n'ont sans doute pas toutes une origine aussi antique que celle dont il est parlé au commencement de cet essai.

Le clergé catholique, devenu grand propriétaire par la force des choses, la piété et la magnificence des riches, pouvait, en vertu des lois, continuer à recevoir les dons affectés à ses dotations, et acquérir. Ce ne fut qu'au milieu du dix-huitième siècle que les lois d'amortissement mirent un frein à cette puissance envahissante. Il n'y a pas de doute qu'une grande partie de ces riches propriétés ne provinssent de dotations libres; c'était, comme on l'a déjà observé, le luxe du temps: et lorsque le joug de la cour de Rome s'appesantissait sur toute l'Europe; que les pontifes se croyaient sincèrement dépositaires du glaive et des clefs des premiers apôtres; que l'esprit du siècle, enfin, semblait autoriser ces préjugés, des provinces et des royaumes s'ébranlèrent à leur voix pour la conquête du tombeau du Messie. Il faut croire que ces étonnantes émigrations, en faisant déserter l'agriculture, mirent des cantons entiers à la disposition du clergé, qui en profita adroitement, sans violer pour cela la liberté des donataires, guidés par une pieuse crédulité. Or, il n'est pas douteux non plus, que le clergé, mu si l'on veut, par son intérêt particulier et par cet esprit de corps par lequel on s'identifie si facilement à celui dont on est membre, n'ait appelé des colons pour défricher, moyennant une modique redevance qui était la reconnaissance de la concession du domaine; il y gagnait la dixme, cette portion si considérable des fruits, par la seule mise en culture.

D'un autre côté, lorsque la manie des croisades fut passée, que la valeur musulmane eut détruit et renversé les états fondés par les croisés, les nobles cherchèrent un autre genre d'illustration; ils voulurent perpétuer leur nom et le faire passer à leur postérité avec des domaines considérables. Les fidéi-commis perpétuels durent prendre naissance à cette époque. Des hommes nouveaux, que l'esprit chevaleresque avait illustrés, voulurent aussi s'immortaliser. On créa, on constitua de nouveaux fiefs. Ceux qui n'en avaient pas d'anciens, réunissant leurs propriétés allodiales, en demandèrent l'investiture à un grand suzerain, se reconnaissant ses vassaux : c'était ce qu'on appelait un *fief oblat*. Parmi les biens composant ces nouveaux fiefs, il y avait des terres libres, données à défrichement et à accensement perpétuel à plusieurs cultivateurs, qui, suivant héréditairement les portions du fief, continuèrent à les desservir en rentes jusqu'à l'époque de la révolution. Ces redevances, parce qu'elles sont devenues des parties intégrantes du fief, n'étaient-elles pas toujours le résultat d'une concession librement acceptée ? et, si un fermier temporaire d'un corps de biens faisant partie d'un fief, n'a pu se l'approprier, même dans les temps les plus favorables au système expropriateur, n'y-a-t-il pas identité et similitude de principes entre le tenancier détenteur du fonds grevé d'une rente perpétuelle, et le fermier temporaire ?

Il n'entre pas dans le plan de cet essai de s'étendre sur les lois de l'emphytéose ou de tout autre mode d'accensement, comme la colonge, le bail héréditaire ; on s'est borné à présenter des idées génériques sur l'origine des rentes provenant ou présumées dériver d'une concession de fonds. On croit avoir prouvé que, par l'abus des mots, on a frappé de suppression ce qui était une prétention légitime.

A quel signe, à quel caractère reconnaîtra-t-on ces rentes dans la ci-devant Alsace ?

Toutes les fois que la rente est une partie aliquote ou un dividende, à raison de la consistance de la terre qui en est grevée, ou de la nature de ses fruits, elle est incontestablement foncière. Aussi, toutes les fois que l'on procédait au renouvellement de ces rentes, sur la déclaration des mutations que l'on confectionnait au pied-terrier, il est remarquable que l'intitulé de ces actes, faits contradictoirement avec les redevables, spécifiait constamment la reconnaissance du domaine par ces derniers ; ou plutôt la propriété était toujours censée appartenir aux établissemens ecclésiastiques ou aux ci-devant seigneurs. Cela est si incontestable, qu'à l'époque de la révolution ceux-ci étaient portés sur les rôles des impositions, comme propriétaires, et cotisés à proportion.

Il est donc temps de revenir contre l'ivresse abolissante, de recouvrer des ressources précieuses pour l'état.

L'enthousiasme fait de grandes choses, la révolution française l'a prouvé à toute l'Europe; mais un gouvernement n'acquiert de stabilité qu'en se roidissant contre le délire des innovations perpétuelles : il faut s'arrêter, mettre un frein à la puissance envahissante, et proclamer, sans restriction, les maximes éternelles de la souveraine justice, conserver à chacun le sien; sans cela nous nous efforcerons vainement de sortir de l'affreux chaos dans lequel nous nous sommes précipités. Il faut remettre chacun à sa place. Lorsqu'une mixtion de liqueurs fortement agitées confond tous ses élémens, la lie surnage; mais lorsque cet état violent et contre nature a cessé, l'équilibre reprend son assiette, la liqueur s'éclaircit, et les élémens se placent conformément aux lois de la nature.

Demander aux tenanciers la modique prestation des droits fonciers des terres dont ils sont détenteurs, est un acte avoué par la justice, et qu'elle doit soutenir. On dira plus; si le domaine de l'état est épuisé, si les circonstances les plus impérieuses ne permettent pas le remboursement effectif et actuel de ses créanciers ; lorsqu'un gouvernement sage et humain gémit de ne pouvoir indemniser tant de victimes dépouillées tyranniquement, pourquoi gratifier d'une partie du domaine public des tenanciers qui, abusant de la similitude des mots, se sont prévalus de l'absence de toute autorité, de toute justice, sous l'empire de l'affreuse anarchie, pour s'affranchir de créances légitimes et spolier des capitaux de l'état ? Cette portion de la fortune publique est hypothéquée aux créanciers de l'état ; elle est leur gage : gratifier au préjudice d'un créancier, est un acte d'injustice. Il est donc du devoir d'une administration forte, sévère et juste, de se prononcer rigoureusement contre les détenteurs ou spoliateurs de ces rentes.

Mais, si une loi coercitive ne vient pas au secours des employés chargés de faire restituer ces rentes, leur zèle échouera contre l'astuce et la mauvaise foi des tenanciers ; leurs recherches et leurs efforts seront nuls par la collusion qui règne entre eux avec les chefs même des communes tenancières, pour supprimer tous les vestiges qui peuvent conduire à la découverte des terres.

Lorsque les biens du clergé ont été mis à la disposition de la nation, beaucoup de titres ont été supprimés ou recélés, soit que les administrateurs de ces établissemens se soient flattés, comme tant d'autres, du retour de l'ancien ordre des choses; soit que, par des vues d'intérêt, ils aient cherché à favoriser les redevables; de sorte que l'on ne retrouve pas, dans la réunion des archives, les documens qui seraient nécessaires pour connaître la situation et la consistance des terres grevées de rentes.

Mais il subsiste des colligendes qui n'étaient que des répertoires nominatifs des tenanciers, énonciatifs de la rente, sans désignation de la propriété.

On croit qu'il faudrait autoriser, par une loi spéciale, le rappel de tous les tenanciers dénommés dans ces colligendes, qui ont cessé de desservir la rente. Pour cela il suffirait d'autoriser le recouvrement des rentes, d'après les colligendes déposées aux archives; sauf aux tenanciers de justifier qu'ils ont cédé le terrain grevé de rentes, et d'en faire connaître l'acquéreur, sous peine d'être contraints à payer toutes les rentes jusqu'au jour de la demande, et, à défaut de déclarer l'héritage grevé de rentes, poursuivis comme recéleurs de propriétés nationales.

Mais, pour favoriser encore plus les recherches

et engager les tenanciers de se libérer, voici le projet de loi qui serait nécessaire.

« Art. I.er Les préposés de l'enregistrement feront l'appel de tous les redevables de rentes foncières portées nominativement sur les colligendes des anciens établissemens supprimés ou provenant d'émigrés, et leur feront acquitter le montant de ces arrérages qui ne seront pas prescrits, et qui s'acquittaient encore en 1789 et 1790. »

« II. Ceux de ces redevables qui prétendront ne plus tenir les biens de la mouvance, grevés de rentes foncières, et être déchargés de la prestation, seront tenus de déclarer l'époque de la mutation, avec le nom du nouveau détenteur à qui l'héritage grevé aura été transmis. »

« III. Il n'est point préjudicié aux droits des tenanciers qui pourront justifier que la rente est d'une origine purement féodale, c'est-à-dire, qu'elle n'a pas pour principe une concession de fonds ; qu'elle est un simple impôt féodal supprimé. Ils pourront adresser leurs réclamations au conseil de préfecture de leur département, pour obtenir leur décharge, s'ils y sont trouvés fondés. »

« IV. Tous les redevables de rentes foncières non desservies depuis l'année 1788 ou 1789, par l'opinion où les redevables auraient été que la rente était abolie, pourront se racheter en payant le capital par dix fois la rente et deux années d'arrérage, dans les six mois de la publication de la loi qui interviendra. »

« V. Après le terme de six mois écoulé, la rente ne pourra plus être amortie qu'en payant également dix années de la rente et cinq années d'arrérage. »

« VI. L'évaluation de la rente se fera d'après la base adoptée pour l'exécution de la loi du 21 nivôse an 8. »

On croit qu'une loi basée sur ces articles ferait rentrer un capital considérable à la République.

Il est encore une autre nature de capitaux constitués sur obligations, provenant des établissemens supprimés, et principalement des ci-devant fabriques, qui présenteraient une très-grande ressource, si les redevables obtenaient les mêmes facilités pour se racheter. Il y a au moins parité de raison pour les y admettre. Ces capitaux proviennent de fondations pieuses et d'établissemens domestiques : pourquoi ceux qui en sont redevables n'obtiendraient-ils pas un avantage que l'on accorde sans difficulté aux débiteurs de rentes foncières ? On propose deux articles additionnels aux précédens.

« Tous les redevables à la République, sur simple obligation ou autre titre dont le capital est exigible, pourront se libérer du capital avec une remise d'un tiers et une seule année d'intérêts, en s'acquittant dans les six mois de la publication de la loi qui interviendra. »

« Ceux qui n'auront pas fait leur déclaration de se libérer dans les six mois, n'y seront plus admis qu'avec une remise d'un quart et deux années d'intérêt; ce dernier délai ne sera également que de six mois, passé lequel on ne sera plus admis qu'en payant la totalité et tous les intérêts. »

On ose garantir des rentrées considérables si l'on adopte ces moyens, qui concilieront les intérêts des redevables, et leur feront chérir le gouvernement.

C'est un grand point que d'obtenir des secours actuels qui aient pour eux la force de l'opinion; et le rédacteur de cet essai croit avoir rempli ses devoirs de citoyen et d'employé, en proposant des moyens aussi simples. Être utile à la chose publique, aider le gouvernement à sortir de la détresse dans laquelle la pénurie des fonds doit nécessairement le jeter, est le seul et unique but de cet ouvrage.

www.ingramcontent.com/pod-product-compliance
Ingram Content Group UK Ltd.
Pitfield, Milton Keynes, MK11 3LW, UK
UKHW032036260826
14628UKWH00006B/2995

9 782019 653675